수호신 기도

사랑하는 사람을 보호하는
3일 기도

묘장 편저

KB210371

민족사

_____ 님에게

"내가 너를 위해 기도하고 있어."

저는 오랫동안 재해·재난 현장에 가서 구호 활동을 했습니다. 동일본 대지진, 네팔 대지진 때도 현장에 있었고, 얼마 전엔 식료품과 의약품, 쉼터를 제공하기 위해 우크라이나 난민들을 만났습니다. 엄청난 공포에 휩싸여 있는 절망적인 눈빛의 전쟁 난민들을 보면서 충격을 받았습니다.

그동안 수없이 만났던 지진이나 해일 등 자연재해로 인한 난민들과는 차원이 달랐습니다. 전쟁 난민들의 참상을 접하면서 "부처님, 이분들이 고통에서 벗어나 삶의 희망을 찾을 수 있도록 가피 내려 주소서" 하는 발원이 맴돌았습니다.

사실 승려로서 기도 수행 발원은 숨쉬는 것과 같은 일상인데, 재난 현장에서 몇 차례 죽음의 위기를 겪으면서 더욱 신심이 깊어졌고, 기도의 중요성을 절감했습니다.

물론 조석으로 기도하면서 항상 함께 계시는 불보살님들, 호법

신장님들이 보살펴 주신다는 믿음이 있었기에 위험한 재난 현장에서도 두렵지 않았을 것입니다.

알고 보면, 특별한 것만 가피가 아니라 바로 지금 숨쉬고 살아가는 것 자체가 큰 가피입니다. 그렇지만 평상시엔 잘 못 느끼는 게 인지상정이고, 극한의 상황에서 더욱 간절하게 기도하게 되고, 가피 또한 크게 느껴지기 마련입니다.

아무튼 저는 기도 공덕이 있었기에 아수라장 같은 재난 현장에서 흔들리지 않을 수 있었고, 공포에 떠는 사람들을 따뜻하게 위로해 줄 수 있었습니다.

제가 이 책을 내야겠다고 생각하게 된 것도 사람들이 기도를 통해 이고득락(離苦得樂), 고통에서 벗어나 즐거움을 얻기를, 극한 상황에서도 마음을 편안하게, 절망을 극복하고 새로운 희망을 가지고 살아갔으면 하는 바람에서 만들게 되었습니다.

또한 나와 가족을 위해서 기도하는 게 이기적인 것 같아 꺼려진다는 분들이 있는데, 그런 마음 갖지 마시고 온 정성 다해서 마음

껏 자신과 가족을 위해 기도하십시오.

기도의 시작은 나부터 내 가족의 안녕부터 챙기는 게 인지상정입니다. 다만 기도공덕을 회향할 때 모든 사람의 행복과 세상의 평화를 함께 기원하면 됩니다.

이 책을 흔쾌히 출판해 준 민족사 윤창화 대표님과 원고 정리를 도와준 사기순 주간님, 연화사 불자님들, 인연 있는 모든 분들께 감사드립니다.

모쪼록 이 책을 통해 날마다 기도하는 삶이 되시길, 그리하여 소원을 다 이루시고, 설령 이뤄지지 않았다고 해도 더 좋은 일이 있기 전의 주춧돌임을 깨달으시고, 일일시호일, 날마다 좋은 날이 되시길 빕니다.

2025년 정초에
묘장 합장

차례

1장_ 사랑하는 사람을 보호하는
3일 수호신 기도를 시작하며…

2장_ 나 홀로 셀프 기도

기도는 자기 마음을 변화시키고
운명을 바꾸는 가장 쉬운 수행법입니다.

경국사 신중도(소장품 검색: 국립중앙박물관)

망망대해를 항해할 때 혼자 돛단배를 타고 가면 외롭고 무섭고 힘들지만, 대형함선을 타고 가면 전혀 두렵지 않습니다. 대형함선은 거친 파도에도 흔들리지 않고, 혹시 모를 공격에도 능히 대처할 수 있기 때문입니다. 수호신 3일 기도는 부처님 앞에서 우리를 보호해 주겠다고 큰 서원을 세운 수호신(신중)들의 보호를 받는 기도여서 더욱 성취가 빠른 것입니다.

사랑하는 ＿＿＿＿＿＿ 위한
3일 수호신 기도

사 진

나 혹은 기도해 줄 어머니, 아버지, 남편, 아내, 자녀, 애인, 친구 등의 이름을 쓰고 사진을 붙이고 기도합니다. 나 혹은 기도해 주고 싶은 사람의 이름과 사진을 보고 그 사람을 생각하면서 사랑하는 마음으로 온 정성 다해서 간절히 기도해 주시면 속성취(速成就), 더 빨리 성취할 수 있습니다.

1장

○

사랑하는 사람을 보호하는
3일 수호신 기도를 시작하며…

오늘부터 저와 함께 사랑하는 사람을 보호하는 3일 기도를 시작하겠습니다. 부처님과 수호신들의 가피(부처님께서 자비를 베풀어 중생을 이롭게 함)를 가장 잘 받을 수 있도록 제가 기도의 시작부터 끝까지 동행하며 기도하는 길을 친절하게 안내해 드리겠습니다.

기도의 육하원칙

'기도' 하면 오만 가지 생각이 떠오를 것입니다. 기도도 육하원칙을 따라서 하면 흐릿하던 것이 명료해집니다. 누가, 누구를 위해, 언제, 어디서, 무엇을, 어떻게, 왜 기도해야 하는가?

나를 위한 기도, 남을 위한 기도

사람들은 대부분 자비심이 많아서 자기 자신을 위해서 기도하기보다는 다른 사람, 사랑하는 사람을 위해서 기도하는 경우가 많습니다. 배우자의 승진, 사업 성취 등과 사랑하는 자녀를 위해 기도해 줘야겠다는 분들이 대다수입니다. 특히 자녀를 위한 기도의 경우 더욱더 절절합니다.

자녀가 아플 때는 대신 아파줄 수 없음을 안타까워하며 빨리 완쾌되길 기도합니다. 자녀가 학교에 다닐 때는 대신 공부해 줄 수 없으니 장애 없이 학업에 열중할 수 있도록 온 정성 다해 기도합니다.

자녀가 취업해야 할 때는 좋은 직장에 합격하기를, 자녀의 결혼 적령기에는 좋은 인연 만나 결혼해서 행복하게 잘 살기를, 결혼을 시킨 뒤에는 건강한 손자가 태어나기를, 손자를 보면 건강하게 잘 성장해서 세상에 이익을 주는 훌륭한 인재가 되기를 기도합니다.

그런데 누가 뭐라 해도 세상에서 가장 사랑하는 사람은 자기 자신입니다. 비상시 비행기에서 산소마스크가 내려올 때 어머니나 아버지가 자신이 먼저 산소마스크를 쓰고 옆자리의 어린 자녀를 씌워주듯이 먼저 사랑하는 '나'를 생각하면서 기도해 보세요. 내 몸과 마음이 건강하고, 내가 행복하면 그 행복 에너지가 함께 사는 가족, 주위 사람에게 전해져 덩달아 모두가 행복해집니다.

나와 남이 둘이 아닙니다. 나를 위한 기도가 곧 남을 위한 기도이고, 남을 위한 기도가 곧 나를 위한 기도입니다. 이러한 불이(不二), 둘이 아닌 이치를 기도하면서 체험하신 분들이 아주 많을 것입니다. 나의 기도가 설령 나를 위한 기도였다 하더라도 그 공덕이 다른 사람에게도 가고, 남을 위한 기도 역시 그 공덕이 내게도 옵니다.

언제 기도할 것인가?

옛날 우리 어머니들은 첫 새벽에 일어나 샘터나 우물에서 맑은

물을 떠 와서 부엌에 조왕신(竈王神: 부엌을 관장하는 신)을 모신 곳 앞에 올려놓고 기도했습니다. 사찰에서는 이러한 풍습이 지금까지도 이어져서 정재소(부처님과 스님들께 올릴 공양물을 깨끗하고 청정하게 준비하는 곳) 조왕신 앞에 청수(淸水)를 올리고, 법당마다 다기물을 올리고 새벽예불을 드립니다.

이렇듯 하루를 여는 새벽, 아침에 기도하는 게 좋지만, 상황에 따라 낮이든 저녁이든 여러분이 집중하기 좋은 시간에 기도하면 됩니다. 특히 이 책의 주제인 '사랑하는 사람을 위한 3일 수호신 기도' 같은 경우 날짜와 시간을 정해 놓고 집중 기도를 해야 성취가 빠릅니다.

어디서 기도할 것인가?

기도하는 장소도 매우 중요합니다. 전국적으로 기도처로 유명한 사찰이 아주 많습니다. 기도처는 명당 중의 명당입니다. 이름난 명산의 기도 도량은 말할 것도 없고, 도심이라 할지라도 사찰에서 기도하는 게 좋습니다. 사찰은 스님들이 조석(朝夕)으로 기도를 하고, 수많은 불자님들이 기도한 에너지가 응축되어 있는 최고의 기도 도량이기 때문입니다. 또한 혼자 기도하는 것도 좋지만 도반들과 함께할 때 서로서로 좋은 에너지가 전해져서 기도 삼매에 들어

가기 좋습니다.

하지만 이런저런 사정이 있는 분은 집이나 회사에서 해도 됩니다. 어디에서 기도하든 길 잃은 어린아이가 엄마, 아빠를 찾듯, 굶주린 사람이 밥을 구하듯 간절한 마음으로 온 정성 다해서 기도하는 게 중요합니다.

무엇을? 귀의·찬탄·공양, 기본을 지켜야 성취가 빠르다

기도할 때 무엇을 필요로 하는가? 수호신 기도는 부처님과 부처님의 가르침과 승가에 귀의(부처님께 돌아가 깊이 믿고 의지함)하고, 찬탄하고, 공양 올리고, 지극한 마음으로 기도하는 것을 기본으로 삼습니다.

만일, 이 기본을 빠뜨린 상황에서 기도를 올린다면 수호신들이 우리 곁으로 올 이유를 찾지 못해서 결국 수호신들의 보호를 받을 수 없게 됩니다. 간혹 "저는 기도를 열심히 했는데, 성취가 잘 안되는 것 같아요. 인생이 왜 이리 늘 고달픈지 모르겠어요"라고 하시는 분들이 있습니다. 그런 말씀을 들을 때마다 안타깝기도 하고 안쓰럽기도 합니다.

빌딩을 짓기 위해서는 설계도는 말할 것도 없고, 철근, 모래, 자갈 등등 수없이 많은 재료가 필요합니다. 특히 높은 빌딩을 짓기 위해서는 더 깊이 땅을 파서 기초공사를 튼튼하게 해야 합니다. 그와 같이 수호신 기도를 통해 3일 만에 소원 성취를 해야겠다는 마음을 먹었다면 더욱 굳건한 믿음을 가지고 귀의·찬탄·공양의 기본을 지켜야 합니다.

이 점을 꼭 유의하시어 기본을 지키고 올바른 기도를 통해 원하는 것을 모두 이루시길 바랍니다. 그리고 기도를 제대로 하시는 분들은 소원 성취가 안 되었다고 해도 괴로워하거나 불평하지 않습니다.

사람마다 얼굴 생김새나 체형, 목소리, 성격, 지능, 재능 등이 다르듯 그동안 수없이 많은 생을 윤회하면서 알게 모르게 지은 업장이 다 다르다는 것을 알고 있기 때문입니다. 업장의 크기가 다른 만큼 업장을 녹이는 기도 시간도 다르고, 같은 시간을 기도했다 할지라도 기도에 쏟는 에너지의 질량도 다릅니다.

한편 스스로 판단하기에 열심히 최선을 다해 삼매에 들 정도로 기도를 잘했는데도 변화가 없다면, 아니 오히려 나쁜 일이 생겼다면, 업장을 한꺼번에 녹이는 시간입니다. 명현현상으로 이해하시면 됩니다. 앞으로 더 좋은 일이 생기려고 불행한 일을 미리 겪는 것입니다. 불국사와 석굴암을 창건한 김대성의 일화를 떠올리시면 제 말을 이해하실 수 있을 것입니다.

어떻게? 간절히 기도하면 이루어진다

『화엄경』을 비롯해서 여러 경전에 의하면, 부처님 당시에 여러 뛰어난 선신(善神)들이 부처님의 가르침을 듣고 깊은 신심을 내어 불자들을 보호하겠다는 원력을 세웠습니다. 심지어 인도 신화에서 전쟁의 신, 싸움의 신으로서 악신(惡神)으로 등장하던 아수라와 사람을 잡아먹는 귀신이었던 나찰도 부처님께 귀의하고 개과천선해서 불자들과 부처님 법을 지키는 호법신장이 되었습니다.

우리도 부처님과 부처님의 가르침, 그 뜻을 따르는 청정한 승가에 귀의, 공양을 올리고 부처님을 닮아가겠다는 마음을 내서 간절히 기도하면 화엄회상의 신들이 우리 곁을 찾아와 보호하기 시작합니다. 단 3일만 기도해도 간절히 기도하면 소원을 이룰 수 있습니다.

경전에 의하면, 신심 깊은 불자를 위해 스님들이 모여서 경전을 읽자, 기적이 일어났습니다. 저승사자가 수명이 다한 불자를 데려가기 위해 찾아왔는데, 자신보다 뛰어난 수많은 신들이 스님들의 독경을 듣기 위해 모여들어서 저승사자는 점점 밀려나 6요자나 즉 6일 동안 걸어야 도착하는 거리만큼 멀어지게 되어 결국 그 불자를 저승으로 데려갈 수 없었답니다.

여러분도 제가 이끌어 드리는 대로 저를 따라서 함께 기도하신다면, 수많은 수호신(불교에서는 화엄성중 또는 신중님으로 부릅니다.)이 여러분 곁에 모여들어 보호해 주시기 때문에 온갖 알 수 없는 질병과 교통사고 등의 재난, 쓸데없는 구설수로 곤란을 겪는 일 등이 사라지게 될 것입니다.

왜 기도해야 하는가? 선택과 집중

왜 이 책에 눈길을 주셨는지 생각해 보면 내가 왜 기도를 하고 싶어했는지, 왜 기도해야 하는지 알 수 있을 겁니다.

인생은 순간순간 선택의 연속입니다. 선택에 따라 삶이 달라집니다. 종교의 선택은 그 무엇보다 중요합니다. 복이 많은 여러분은 백천만겁에도 만나기 어려운 부처님 법을 만났습니다. 불교라는 세상에서 가장 으뜸가는 종교를 잘 선택하신 여러분은 삶에서 기도라는 가장 행복한 비결을 여는 열쇠를 잘 선택하셨습니다.

그리고 기도할 때 막연하게 하지 말고, 지금 이 순간 절실하게 다가오는 문제부터 집중해서 하십시오. 목표를 정해 놓고 온 정성다해 기도하면 성취가 빠릅니다.

비행기를 타고 가든 열차를 타고 가든 서울에서 목표를 정해서 부산행 티켓을 구입해서 가는 것과 이리저리 전국을 배회하다가 어찌어찌해서 부산에 도착하는 것과는 생각할 수 없을 정도로 큰 차이가 있는 것과 같은 이치라고 보시면 됩니다.

2장

○

나 홀로 셀프 기도

1 코스
수호신 기도 가이드

부처님의 자비심 닮기

첫 번째 1코스입니다. 먼저 수호신의 보호를 받기 위해서는 부처님께서 걸어가셨던 길을 따라가셔야 합니다. 부처님 닮기, 부처님께서 우리에게 알려주신 기도법을 따라하는 것이 가장 효과가 좋습니다.

『화엄경』에서는 마음과 부처님, 중생이 같다고 했습니다(心佛及衆生 是三無差別). 그런데 현실에서는 중생도 있고 부처님도 있습니다. 중생과 부처님을 어떻게 구분할 수 있을까요? 바로 마음을 어떻게 쓰는가를 보면 됩니다.

부처님과 중생을 구분할 때 가장 첫 번째로 손꼽을 수 있는 것이 바로 자비심입니다. 어느 생명에게도 차별 없이 이익과 행복을 주려 하는 것이 기도의 시작입니다. 온 우주의 어버이[四生慈父]이신 부처님은 모든 생명에게 똑같은 자비심을 일으키지만, 아직 부처가 되지 못한 우리들은 가장 사랑하는 가족부터 시작해서 친지, 이웃, 나아가 지구촌의 온 세상 사람들, 생명 있는 모든 것, 자연 환경에 이르기까지 점점 더 자비심을 확산시켜야 합니다. 마음속을 자비심으로 가득 채우기 위해 이제 자비심을 일으키고 늘어나게 해 주는 자비경의 부처님 가르침을 온 정성 다해 따라 읽겠습니다.

자비경

부디 행복하라.
살아있는 생명은 어떤 것이든
동물이든 식물이든 남김없이
길다란 것이거나 커다란 것이거나 중간 것이거나
짧은 것이거나 미세한 것이거나 거대한 것이거나
보이는 것이거나 보이지 않는 것이거나
멀리 있는 것이거나 가까이 있는 것이거나
이미 생겨난 것이거나 생겨날 것이거나
모든 생명들이여, 부디 행복하라.

서로가 서로를 헐뜯지 말지니,
어디서든지 누구든지,

분노 때문이든 증오 때문이든
고통 받기를 바라지 말지어다.
어머니가 하나뿐인 아들을 목숨 바쳐 구하듯,
모든 생명을 위하여 한없는 자비심을
일으킬지어다.

그리하여 일체의 세계에 대하여,
높은 곳으로 깊은 곳으로 넓은 곳으로
장애 없이, 원한 없이, 적의 없는
자비심을 닦을지어다.

서 있거나 가거나 앉아 있거나
누워 있거나 깨어 있는 한,
자비심을 마음속에 굳게 새길지어다.
이것이야말로 참으로 청정한 삶이니
편향되고 그릇되며
진실과 어긋난 견해들에 의존하지 않고,

계행을 갖추고, 통찰을 갖추어
감각적인 욕망을 다스려
결코 다시 윤회에 들지 말지어다.

살아있는 생명은 어떤 것이든
동물이든 식물이든 남김없이
기다란 것이거나 커다란 것이거나 중간 것이거나
짧은 것이거나 미세한 것이거나 거대한 것이거나
보이는 것이거나 보이지 않는 것이거나
멀리 있는 것이거나 가까이 있는 것이거나
이미 생겨난 것이거나 생겨날 것이거나
모든 생명들이여, 부디 행복하라.

자비 기도 노트

자비경을 읽을 때 어떤 느낌이 들었나요? 다 좋은 내용이지만 특별히 마음에 쏙 드는 구절이 있었다면 한번 베껴 써보세요.

"서로가 서로를 헐뜯지 말지니,

어디서든지 누구든지,

분노 때문이든 증오 때문이든

고통 받기를 바라지 말지어다.

어머니가 하나뿐인 아들을 목숨 바쳐 구하듯,

모든 생명을 위하여 한없는 자비심

일으킬지어다."

위 내용을 베껴 쓰면서 어떤 생각이 들던가요? 혹 머릿속에 작은 것이라도 떠오른 게 있다면 솔직하게 적어보세요. 혹여 예전에 다툰 일, 분노와 증오로 고통받은 일이 생각난다면 다 한 가지 한 가지 이 기도 노트에 적어 놓고, 먼저 감사 기도를 하세요.

"그 일을 잊어버려서 풀지 않고 넘어갈 수도 있었는데 일깨워 주셔서 정말 감사합니다. 그때는 이러저러했었는데 이제 와 생각하니 그렇게 분노할 일도 아니고 증오할 일은 더더욱 아닙니다. 화내고 미워하고 원망한 것을 돌이켜보고 참회할 수 있게 된 인연에 감사드립니다. 더욱 열심히 기도해서 제 안의 부처님 성품을 드러내어 불자(佛子)답게 잘 살겠습니다. 감사합니다."

경전 말씀 중 가슴에 와닿는 내용을 베껴 쓰고, 베껴 쓸 때의 떠오르는 마음을 적고, 감사 기도를 하고, 앞으로 어떻게 해나가야겠다는 다짐까지 쓰세요.

그렇게 하면 그 내용이 자기 가슴에 새겨져 인식의 전환을 가져와 날마다 새롭게 태어나고, 온 세상에 충만하신 불보살님께 전해져 원하는 바를 이루어 주시는 것입니다.

방송사에서 아무리 좋은 프로그램을 만들어서 송출해도 주파수를 맞추지 않으면 볼 수 없듯이, 우리의 기도는 불보살님과 주파수를 맞추는 것입니다. 우리 내면의 자성과 불보살님의 무한한 위신력의 주파수가 딱 맞을 때 기도 성취가 이루어집니다. 기도 성취의 놀라운 비결은 바로 간절한 기도 그 자체에 있습니다.

수호신들이 보호해 주는 경 읽기

자비경을 읽으면서 자기는 물론이고 다른 사람들, 살아 있는 모든 생명을 연민으로 바라보고, 따뜻하게 어루만지는 마음, 자비심을 일으켰으니, 이젠 수호신들이 보호해 주시는 경을 함께 지송하겠습니다.

우리가 함께 읽을 이 경은 과거칠불보호경으로 석가모니 부처님 이전의 과거 여섯 부처님과 석가모니 부처님을 포함해 모두 일곱 부처님께 귀의하고 그 공덕을 찬탄하는 내용이 담긴 경전입니다.

부처님들 곁에서 부처님과 불자들을 보호하겠다고 다짐한 수호신들(신중 또는 화엄성중)이 내려와 귀담아 듣는 경전이기 때문에 신중 기도 때 독송하면 아주 좋습니다. 수호신 가운데 다문천왕이 대표인데, 과거칠불보호경을 독경하면 독경하는 불자를 보호하고 그 불자가 기도해 주고 싶은 사람도 보호해 주겠다고 서원한 경입니다.

과거칠불보호경 안에 괄호 표시가 있습니다. 그 부분에 '나를 위한 기도'면 본인의 이름을 적어 놓고, '남을 위한 기도'면 기도해 주고 싶은 사람의 이름을 적어 넣은 뒤 읽으면 됩니다.

다만, 주의할 점은 한 분의 이름만 넣어서 끝까지 읽으시고, 또 기도해 줄 분이 있다면 다시 과거칠불보호경을 처음부터 끝까지 다시 읽고 그 순간에 기도해 줄 분의 이름을 넣고 읽으셔야 합니다.

스님들이 축원할 때, 한 분 한 분 불자님들의 이름과 주소를 주욱 읽고 나서 맨 나중에 '각각등보체(各各等保體)'라고 하는 소리를 들어 봤을 것입니다. 모든 불자님들 각각 몸을 보호해 주고 부처님 가피를 받으시라는 뜻입니다.

세상 모든 만물이 다 서로서로 이어져서 영향을 주고받습니다만, 제각각 할 도리는 해야 합니다. 부처님께서 깨달으시고 우리에게 전해 주신 인연법은 불교의 근본 교리이자 세상의 이치입니다. 인연법에 따라 기도할 때 소원하는 바가 이루어져도 좋고 설령 이루어지지 않았다고 해도 늘 마음이 평안하고 좋은 날, 행복한 삶을 열어갈 수 있습니다. 기도의 가피가 오는 시기는 정해져 있지 않지만 분명히 가피는 받으실 것입니다. 그럼 합장하시고 부처님을 찬탄하는 마음, 수호신의 보호를 바라며 경을 지송하겠습니다.

과거칠불 보호경(Āṭānāṭiya Paritta)

다섯 가지 눈과 행운을 갖추신, 비바시 부처님께 예경 드립니다.

모든 중생들을 동정심으로 돌보시는, 시기 부처님께 예경 드립니다.

번뇌를 깨끗이 제거하신 고행자, 비사부 부처님께 예경 드립니다.

마군들을 항복받으신, 구류손 부처님께 예경 드립니다.

청정범행을 완성하신, 구나함 부처님께 예경 드립니다.

모든 것에서 해탈하신, 가섭 부처님께 예경 드립니다.

행운을 갖추시고 석가족의 아들이신, 석가모니 부처님께 예경 드리는 것은 우리들의 모든 괴로움을 제거하는, 부처님 법을 설하셨기 때문입니다.

있는 그대로의 본질을 분명하게 관찰하여, 이 세상에서 적멸에 이르신 분들, 그분들은 그 누구도 비방하지 않고, 두려움이 없는 위대한 분들입니다.

천인과 신들과 인간들에게 이익을 주는, 석가모니 부처님께 예배 드리는 것은 지혜와 덕행을 함께 갖추시어, 두려움이 없는 위대한 분이기 때문입니다.

지혜와 덕행을 함께 갖추신, 석가모니 부처님께 존경의 예를 올립니다.

부처님은 큰 광명, 큰 위력, 큰 지혜, 큰 힘, 큰 연민심의 현자이시니, 모두에게 행복을 가져오는 분입니다!

부처님은 중생들의 섬, 보호자, 지지자, 피난처, 안전한 곳이며, 귀의처, 친족, 큰 휴식처이며, 중생들이 소원을 빌며 기대는 의지처입니다.

부처님은 신들과 세상 사람들의 의지처이니, 저는 최상의 스승이신 부처님의 발아래 머리 숙여 공경의 예를 올립니다.

눕거나, 앉거나, 서거나, 걷거나, 언제라도, 말과 마음을 다하여, 부처님께 예경 올립니다.

고요함과 안락함을 갖추신 모든 부처님의 가피로
[기도해 주실 분의 이름]가 항상 보호받게 하소서!
[기도해 주실 분의 이름]가 고요함이 충만되고, 모든 두려움에서 벗어나게 하소서!
[기도해 주실 분의 이름]가 모든 병듦에서 벗어나고, 모든 고뇌가 제거되며, 모든 원한을 넘어서서, 열반에 이르게 하소서!

모든 부처님의 진실의 힘, 지계의 힘, 인욕의 힘, 자애의 힘으로
[기도해 주실 분의 이름]가 병듦 없이 안락하며, 보호받게 하소서!

동방에 있는 큰 신통력을 지닌 존재들로 인해
[기도해 주실 분의 이름]가 병듦 없이 안락하며, 보호받

게 하소서!

남방에 있는 큰 신통력을 지닌 천인들과 신들로 인해

[기도해 주실 분의 이름]가 병듦 없이 안락하며, 보호받

게 하소서!

서방에 있는 큰 신통력을 지닌 용들로 인해

[기도해 주실 분의 이름]가 병듦 없이 안락하며, 보호받

게 하소서!

북방에 있는 큰 신통력을 지닌 야차들로 인해

[기도해 주실 분의 이름]가 병듦 없이 안락하며, 보호받

게 하소서!

동방에는 지국천왕, 남방에는 증장천왕, 서방에는 광목

천왕, 북방에는 다문천왕이 있는데, 이 네 곳의 위대한

왕들은 세상의 수호자로 유명하니, 그들로 인해

[기도해 주실 분의 이름]가 병듦 없이 안락하며, 보호받

게 하소서!

공중에 살거나 땅 위에 살고 있는, 큰 신통력을 지닌 천

신이나 용들로 인해

[기도해 주실 분의 이름]가 병듦 없이 안락하며, 보호받게 하소서!

저에게는 다른 의지처가 없습니다. 부처님은 저의 최상의 의지처, 이와 같이 진실을 말함으로써,

[기도해 주실 분의 이름]에게 이 승리의 길상이 있기를!

저에게는 다른 의지처가 없습니다. 부처님 법은 저의 최상의 의지처, 이와 같이 진실을 말함으로써,

[기도해 주실 분의 이름]에게 승리의 길상이 있기를!

저에게는 다른 의지처가 없습니다. 승가는 저의 최상의 의지처, 이와 같이 진실을 말함으로써,

[기도해 주실 분의 이름]에게 승리의 길상이 있게 하소서!

여러 가지 형태로 존재하는 세상의 어떤 보배도 부처님과 견줄 만한 보배는 없으니, 그로 인해

[기도해 주실 분의 이름]가 행복하게 하소서!

여러 가지 형태로 존재하는, 세상의 어떤 보배도 부처님

법과 견줄 만한 보배 없으니, 그로 인해

[기도해 주실 분의 이름]가 행복하게 하소서!

여러 가지 형태로 존재하는, 세상의 어떤 보배도 승가와

견줄 만한 보배 없으니, 그로 인해

[기도해 주실 분의 이름]가 행복하게 하소서!

부처님이라는 보배를 공경하나니, 최상의 뛰어난 약이

며, 천신과 인간들에게 이익을 주는, 부처님의 위신력으

로 행복하게 하소서!

모든 불행이 소멸되고, 모든 괴로움에서 벗어나

[기도해 주실 분의 이름]가 평안하게 하소서!

부처님 법이라는 보배를 공경하나니, 최상의 뛰어난 약

이며, 고뇌를 가라앉히는 부처님 가르침의 위신력으로

[기도해 주실 분의 이름]가 행복하게 하소서!

모든 불행이 소멸되고, 모든 두려움에서 벗어나

[기도해 주실 분의 이름]가 평안하게 하소서!

승가라는 보배를 공경하나니, 최상의 뛰어난 약이며, 공

양 올릴 가치 있는 분들, 환영할 가치 있는 분들인 승가
의 위신력으로
[기도해 주실 분의 이름]가 행복하게 하소서!
모든 불행이 소멸되고, 모든 질병에서 벗어나
[기도해 주실 분의 이름]가 평안하게 하소서!

모든 불행에서 벗어나고, 모든 질병들이 사라지며,
[기도해 주실 분의 이름]가 장애가 없게 되어,
[기도해 주실 분의 이름]가 행복하게 오래 살게 하소서!

어느 누구라도 공손하고 자연스럽게 부처님께 공양 올리
면 수명장수, 아름다움, 행복, 건강이라는 네 가지 행복
을 얻게 되나니
[기도해 주실 분의 이름]가 수명장수, 아름다움, 행복,
건강 이 네 가지 행복이 나날이 늘어나게 하소서.

나무 석가모니불

나무 석가모니불

나무 시아본사 석가모니불.

부처님 예경 명상 노트

    부처님 예경 명상을 하면서 수많은 부처님, 수호신들이 보호해 주신다는 것을 느끼셨는지요? 기도해 주는 그분을 위한 경전 읽기와 기도가 곧 나의 정신적 성장을 가져온다는 것을 알아차리셨는지요? 예경 명상을 하면서 느꼈던 점, 떠오른 생각 등등 마음 가는 대로 쓰고 싶은 내용이 있으시면 쓰셔도 좋고, 부처님 예경 명상을 할 때 염했던 부처님 이름을 쓰셔도 좋습니다.

마음을 닦고 공덕을 기르는 경전 독송하기

잘하셨습니다. 이제 자비심을 일으켰고, 지금 이 순간 기도해 줄 분을 위해 과거칠불과 석가모니불, 그리고 수호신들을 찬탄하며 예경을 올렸습니다. 우리들의 찬탄과 예경 공덕만으로도 우리가 바라는 일들이 이루어질 것입니다. 하지만, 더 큰 성취를 위해, 아니 늘 부처님 가피 속에서 살아가기 위해서는 본격적으로 경전을 독송하는 게 좋습니다.

지금부터는 오랫동안 한국불교의 수호경으로 전승되어 내려온 경전을 따라 독송하겠습니다.

그 첫 번째는 천수경으로 시작하겠습니다. 천수경은 독송본 우리 말 천수경입니다. 자, 그럼 천수경을 함께 독경하겠습니다.

우리말 천수경

정구업진언
∴ 구업을 청정하게 하는 진언

수리수리 마하수리 수수리 사바하

수리수리 마하수리 수수리 사바하

수리수리 마하수리 수수리 사바하

오방내외안위제신진언
∴ 오방내외 신중을 편안하게 모시는 진언

나무 사만다 못다남 옴 도로 도로 지미 사바하

나무 사만다 못다남 옴 도로 도로 지미 사바하

나무 사만다 못다남 옴 도로 도로 지미 사바하

개경게

∴ 경전을 펴는 게송

위없이　　심히 깊은　미묘한 법을
백천만겁　지난들　　어찌 만나리
제가 이제　보고 듣고　받아 지니니
부처님의　　진실한 뜻　알아지이다.

개법장진언

∴ 법장을 여는 진언

옴 아라남 아라다
옴 아라남 아라다
옴 아라남 아라다

천수천안　관음보살　광대하고　원만하며
걸림없는　대비심의　다라니를　청하옵니다.

자비로운　관세음께　절하옵나니

크신 원력 원만 상호 갖추시옵고
천 손으로 중생들을 거두시오며
천 눈으로 광명 비춰 두루 살피네.

진실하온 말씀 중에 다라니 펴고
함이 없는 마음 중에 자비심 내어
온갖 소원 지체 없이 이뤄 주시고
모든 죄업 길이길이 없애 주시네.

천룡들과 성현들이 옹호하시고
백천삼매 한순간에 이루어지니
이 다라니 지닌 몸은 광명당이요,
이 다라니 지닌 마음 신통장이라
모든 번뇌 씻어내고 고해를 건너
보리도의 방편문을 얻게 되오며
제가 이제 지송하고 귀의하오니
온갖 소원 마음따라 이뤄지이다.

자비하신   관세음께   귀의하오니
일체법을   어서 속히   알아지이다.
자비하신   관세음께   귀의하오니
지혜의 눈   어서어서   얻어지이다.
자비하신   관세음께   귀의하오니
모든 중생   어서 속히   건네지이다.
자비하신   관세음께   귀의하오니
좋은 방편   어서어서   얻어지이다.
자비하신   관세음께   귀의하오니
지혜의 배   어서 속히   올라지이다.
자비하신   관세음께   귀의하오니
고통바다   어서어서   건너지이다.
자비하신   관세음께   귀의하오니
계정혜를   어서 속히   얻어지이다.
자비하신   관세음께   귀의하오니
열반 언덕   어서어서   올라지이다.
자비하신   관세음께   귀의하오니

무위집에　어서 속히　들어지이다.
자비하신　관세음께　귀의하오니
진리의 몸　어서어서　이뤄지이다.

칼산지옥　제가 가면　칼산 절로　꺾여지고
화탕지옥　제가 가면　화탕 절로　사라지며
지옥세계　제가 가면　지옥 절로　없어지고
아귀세계　제가 가면　아귀 절로　배부르며
수라세계　제가 가면　악한 마음　선해지고
축생세계　제가 가면　지혜 절로　얻어지이다.

나무 관세음보살마하살
나무 대세지보살마하살
나무 천수보살마하살
나무 여의륜보살마하살
나무 대륜보살마하살
나무 관자재보살마하살

나무 정취보살마하살

나무 만월보살마하살

나무 수월보살마하살

나무 군다리보살마하살

나무 십일면보살마하살

나무 제대보살마하살

나무 본사 아미타불

나무 본사 아미타불

나무 본사 아미타불

신묘장구 대다라니
∴ 신묘한 대다라니

나모 라다나 다라야야 나막알약 바로기제 새바라야 모
지사다바야 마하사다바야 마하가로 니가야 옴 살바 바
예수 다라나 가라야 다사명 나막 가리다바 이맘알야 바
로기제 새바라 다바 니라간타 나막하리나야 마발다 이
사미 살발타 사다남 수반아예염 살바보다남 바바마라

미수다감 다냐타 옴 아로계 아로가 마지로가 지가란제
혜혜하례 마하모지 사다바 사마라 사마라 하리나야 구
로구로 갈마 사다야 사다야 도로도로 미연제 마하미연
제 다라다라 다린 나례 새바라 자라자라 마라미마라 아
마라 몰제예혜혜 로계새바라 라아 미사미 나사야 나베
사미사미 나사야 모하자라 미사미 나사야 호로호로 마
라호로 하례 바나마나바 사라사라 시리시리 소로소로
못쟈못쟈 모다야 모다야 매다리야 니라간타 가마사 날사
남 바라하라나야 마낙 사바하 싯다야 사바하 마하싯다
야 사바하 싯다유예 새바라야 사바하 니라간타야 사바
하 바라하 목카싱하 목카야 사바하 바나마 하따야 사바
하 자가라 욕다야 사바하 상카섭나네 모다나야 사바하
마하라 구타다라야 사바하 바마사간타 이사시체다 가릿
나 이나야 사바하 먀가라 잘마이바 사나야 사바하
나모라 다나다라 야야 나막알야 바로기제 새바라야 사바하
나모라 다나다라 야야 나막알야 바로기제 새바라야 사바하
나모라 다나다라 야야 나막알야 바로기제 새바라야 사바하

수호신 기도

동방에~ 물 뿌리니 도량이 맑고
남방에~ 물 뿌리니 청량 얻으며
서방에~ 물 뿌리니 정토 이루고
북방에~ 물 뿌리니 평안해지네.

온 도량이 청정하여 티끌 없으니
삼보 천룡 이 도량에 강림하시네.
제가 이제 묘한 진언 외우옵나니
대자대비 베푸시어 가호하소서.

지난 세월 제가 지은 모든 악업은
옛적부터 탐진치로 말미암아서
몸과 말과 생각으로 지었사오니
제가 이제 모든 죄업 참회합니다.

나무 참제업장 보승장불
보광왕 화렴조불

일체향화 자재력왕불

백억항하사 결정불

진위덕불

금강견강 소복괴산불

보광월전 묘음존왕불

환희장마니 보적불

무진향 승왕불

사자월불

환희장엄 주왕불

제보당마니 승광불

살생으로 지은 죄업 참회합니다.

도둑질로 지은 죄업 참회합니다.

사음으로 지은 죄업 참회합니다.

거짓말로 지은 죄업 참회합니다.

꾸민말로 지은 죄업 참회합니다.

이간질로 지은 죄업 참회합니다.

악한말로   지은 죄업   참회합니다.
탐욕으로   지은 죄업   참회합니다.
성냄으로   지은 죄업   참회합니다.
어리석어   지은 죄업   참회합니다.

오랜 세월   쌓인 죄업   한생각에   없어지니
마른 풀이   타버리듯   남김없이   사라지네.
죄의 자성   본래 없어   마음 따라   일어나니
마음이   사라지면   죄도 함께   없어지네.
모든 죄가   없어지고   마음조차   사라져서
죄와 마음   공해지면   진실한   참회라네.

참회진언
∴ 죄업을 뉘우치는 진언

옴 살바 못자모지 사다야 사바하
옴 살바 못자모지 사다야 사바하
옴 살바 못자모지 사다야 사바하

준제주는　모든 공덕　보고이어라.
고요한~　마음으로　항상 외우면
이 세상~　온갖 재난　침범 못하리.
하늘이나　사람이나　모든 중생이
부처님과　다름없는　복을 받으니
이와같은　여의주를　지니는 이는
결정코~　최상의 법　이루오리라.

나무 칠구지불모대준제보살
나무 칠구지불모대준제보살
나무 칠구지불모대준제보살

정법계진언
∴ 법계를 맑게 하는 진언

옴 람

옴 람

옴 람

호신진언

∴ 몸을 보호하는 진언

옴 치림

옴 치림

옴 치림

관세음보살 본심미묘 육자대명왕진언

∴ 관세음보살님의 본마음을 보여주는 미묘한 육자대명왕진언

옴 마니 반메 훔

옴 마니 반메 훔

옴 마니 반메 훔

준제진언

나무 사다남 삼먁삼못다 구치남 다냐타

옴 자례주례 준제 사바하 부림

옴 자례주례 준제 사바하 부림

옴 자례주례 준제 사바하 부림

제가 이제　준제주를　지송하오니
보리심을　발하오며　큰원 세우고
선정 지혜　어서 속히　밝아지오며
모든 공덕　남김없이　성취하옵고
수승한 복　두루두루　장엄하오며
모든 중생　깨달음을　이뤄지이다.

여래십대발원문
∴ 부처님께 발하는 열 가지 원

원하오니　삼악도를　길이 여의고
탐진치　삼독심을　속히 끊으며
불법승　삼보 이름　항상 듣고서
계정혜　삼학도를　힘써 닦으며
부처님을　따라서　항상 배우고
원컨대　보리심에　항상 머물며
결정코　극락세계　가서 태어나
아미타　부처님을　친견하옵고

온 세계   모든 국토 몸을 나투어
모든 중생 빠짐없이   건져지이다.

발 사홍서원
∴ 네 가지 큰 서원

가없는 중생을 건지오리다.
끝없는 번뇌를 끊으오리다.
한없는 법문을 배우오리다.
위없는 불도를 이루오리다.

자성의 중생을 건지오리다.
자성의 번뇌를 끊으오리다.
자성의 법문을 배우오리다.
자성의 불도를 이루오리다.

제가 이제 삼보님께 귀명합니다.

시방세계 부처님께 귀명합니다.
시방세계 가르침에 귀명합니다.
시방세계 스님들께 귀명합니다.
시방세계 부처님께 귀명합니다.
시방세계 가르침에 귀명합니다.
시방세계 스님들께 귀명합니다.
시방세계 부처님께 귀명합니다.
시방세계 가르침에 귀명합니다.
시방세계 스님들께 귀명합니다.

자비 관음 명상 노트

　방금 독송한 천수경은 우리 옛 스님들의 지혜와 깨달음, 기도 가피가 담겨 있는 경전입니다. 관음신앙의 핵심을 담아 놓은 천수경은 우리나라에서만 독송하고 있는데, 우리나라에서 여러 의식집을 바탕으로 독송하기 좋고, 기도 수행에 적합한 내용으로 재구성한 경전이기 때문입니다.

　독서삼매라는 말에서 삼매가 불교 용어인 것은 잘 알고 계시지요? 삼매는 산스끄리뜨어 사마디(samādhi)를 한자(漢字)로 표기한 말입니다. 집중을 통해 마음이 고요해진 상태를 뜻하며, 삼매는 불교 수행의 이상적인 경지 가운데 하나입니다. 그래서 대부분의 불교 경전에서는 삼매를 증득하는 법에 대해 설하고 있습니다.

　삼매를 얻는 수행법이 여러 가지 있는데, 참선 수행 등 여러 가지 명상을 통해서도 얻을 수 있고, 독서삼매라는 말에서도 알아차릴 수 있듯이 독경삼매, 경전을 읽으면서 삼매를 얻을 수도 있습니다.

불교의 기도는 부처님과 수호신들의 보호를 받고 소원을 이루는 데서 더 나아가 삼매에 들어서 마음이 안정되고, 모든 괴로움에서 벗어날 수 있습니다. 요즘 초고속으로 급변하는 사회입니다. 마음이 산란해지고 불안해지기 쉬운 세상입니다. 독경을 통해 이 시대에 꼭 필요한 집중력과 창의력, 사고력이 높아지는 것은 물론이고, 편안한 마음, 진정한 자유를 누리실 수 있습니다.

천수경을 독경하면서 느낀 마음, 마음의 변화를 써보세요. 자비관음 명상 노트 쓰기는 마치 바위 위에 오랫동안 변치 않는 글자를 새기듯 우리가 바라는 바를 새겨서 확실하게 성취하는 비결 가운데 하나입니다.

수호신을 모시고 공양 올리는 기도

천수경을 잘 독경하고 독경하면서 마음에 느낀 것을 가슴에 새기 듯 자비 관음 명상 노트에 새기셨습니다. 여러분의 마음 근육이 아 주 튼튼해졌고, 수호신들의 큰 가피를 받으실 것입니다.

이어서 수호신을 모시고 부처님께 공양을 올리는 기도를 하겠습 니다. 사실 이 기도는 절에 가서 스님들과 함께 해야 합니다. 그런데 부득이 집에서 기도할 수밖에 없는 상황이라면 이 책의 안내대로 하 시면 됩니다.

수호신(신중) 기도

신중 권공
∴ 신중단에 공양을 올리다

진공진언

옴 반자 사하 옴 반자 사바하 옴 살바반자 사바하

이차청정향운공 봉헌용호성중전 감찰재자건간심
원수애납수 원수애납수 원수자비애납수

지심정례공양 진법계 허공계 화엄회상
상계 욕색제천중

지심정례공양 진법계 허공계 화엄회상
중계 팔부사왕중
지심정례공양 진법계 허공계 화엄회상
하계 일체호법선신 영기등중
유원 신중자비 옹호도량 실개 수공발보리
시작불사도중생

상래가지이흘 공양장진 이차향수 특신공양 향공양
연향공양 등공양 연등공양 다공양 선다공양 과공양
선과공양 미공양 향미공양 유원 신장 애강도량 불사
자비 수차공양

보공양진언

옴 아아나 삼바바 바아라 훔
옴 아아나 삼바바 바아라 훔
옴 아아나 삼바바 바아라 훔

앞의 신중 권공은 절에서 수호신 기도를 할 때 신중 단에 여러 수호신들에게 공양을 올리면서 행하는 의식입니다.

맨 먼저 공양을 올리는 진공진언을 한 다음 욕계의 여러 수호신들과 팔부사천왕과 모든 호법선신들에게 지극한 마음으로 공양을 올리는 내용이 담겨 있습니다.

하지만 혼자 집에서 나 홀로 셀프 수호신 기도를 할 때는 신중 권공 의식은 생략하고, 77쪽 금강심진언부터 하시면 됩니다.

언어에는 혼이 담겨 있습니다. 특히 진언은 우주의 소리 에너지가 응축되어 있습니다. 금강심진언은 금강(다이아몬드)같이 굳건한 마음으로 수호신 기도를 할 수 있도록 이끌어 주는 진언입니다.

금강심진언

옴 오륜이 사바하
옴 오륜이 사바하
옴 오륜이 사바하

예적대원만다라니

석가모니　　화현이신　　예적금강님께
절하옵니다.
세 머리에　　부릅뜬 눈　칼 같은　　송곳니
여덟 팔엔　　항마의　　법구 잡고 독사로 된
영락으로　　온몸 두르고 삼매의　　불바퀴가
몸을 따르니 하늘마귀　외도들과　도깨비는
신비한　　　주문 듣고　두려워　　달아나네.
가지의　　　크나큰　　위신력　　입어서
불사와　　　무상도를　속히 이뤄 주소서.

옴 빌실구리 마하바라 한내 믹집믹 혜마니 미길미 마나
세 옴 자가나 오심모구리 훔 훔 훔 박 박 박박박 사바하
옴 빌실구리 마하바라 한내 믹집믹 혜마니 미길미 마나
세 옴 자가나 오심모구리 훔 훔 훔 박 박 박박박 사바하
옴 빌실구리 마하바라 한내 믹집믹 혜마니 미길미 마나
세 옴 자가나 오심모구리 훔 훔 훔 박 박 박박박 사바하.

항마진언

내 이제	금강의	세 가지	방편으로
금강 같고	반월 같은	풍륜을 타고	단에 올라
'람'자 광명	토해내어	무명 쌓여	이루어진
너의 몸을	태우리라.		
지상 지하	모든 세계	명령 내려	일체의
지은 장애와	어려움을	없애리니	악한 자는
모두 와서	무릎 꿇고	내가 설한	가지법음
들을지니	어리석고	악한 마음	버리고

부처님 법　　가운데서　　신심 내어　　이 도량과
시주들　　　　옹호하며　　재앙을　　　없애고서
큰복을　　　　내릴지라.

옴 소마니 소마니 훔 하리한나 하리한나 훔 하리한나
바나야 훔 아나야 혹 바아밤 바아라 훔 바탁
옴 소마니 소마니 훔 하리한나 하리한나 훔 하리한나
바나야 훔 아나야 혹 바아밤 바아라 훔 바탁
옴 소마니 소마니 훔 하리한나 하리한나 훔 하리한나
바나야 훔 아나야 혹 바아밤 바아라 훔 바탁.

제석천왕 제구예진언

아지부 제리나 아지부 제리나 미아제리나
오소제리나 아부다제리나 구소제리나 사바하
아지부 제리나 아지부 제리나 미아제리나
오소제리나 아부다제리나 구소제리나 사바하

아지부 제리나 아지부 제리나 미아제리나
오소제리나 아부다제리나 구소제리나 사바하.

십대명왕 본존진언

옴 호로호로 지따지따 반다반다 하나하나
아미리제 옴 박
옴 호로호로 지따지따 반다반다 하나하나
아미리제 옴 박
옴 호로호로 지따지따 반다반다 하나하나
아미리제 옴 박

소청팔부진언

옴 살바디바나 가아나리 사바하
옴 살바디바나 가아나리 사바하
옴 살바디바나 가아나리 사바하

화엄경 약찬게

크고 넓고 방정하온 부처님의 화엄경을
용수보살 게송으로 간략하게 엮으셨네.
아름다운 연꽃으로 가꾸어진 화장세계
비로자나 부처님의 진실하온 법신불과
현재에도 설법하는 노사나불 보신불과
사바세계 교주이신 석가모니 화신불과
과거 현재 미래 세상 모든 여래 모든 성자
두 손 모아 마음 모아 지성으로 귀의하니
근본적인 화엄 교설 법의 바퀴 굴리심은
해인삼매 평화롭고 드넓으신 힘이어라.
보현보살 모든 대중 하나하나 열거하면
금강저를 손에 드신 집금강신 신중신과
만족하고 실천하는 족행신과 도량신과
성과 땅을 주관하는 주성신과 주지신과
산과 숲을 주관하는 주산신과 주림신과

약과 곡식 주관하는 주약신과 주가신과
하천 바다 주관하는 주하신과 주해신과
물과 불을 주관하는 주수신과 주화신과
바람 허공 주관하는 주풍신과 주공신과
낮을 맡은 주주신과 다툼의 신 아수라와
용의 천적 가루라왕 노래의 신 긴나라와
음악의 신 마후라가 흡혈귀인 야차왕과
여러 모든 용왕들과 정기 먹는 구반다와
가무의 신 건달바왕 밤 밝히는 달의 천자
낮 밝히는 해의 천자 도리천왕 함께하고
야마천왕 도솔천왕 화락천왕 타화천왕
대범천왕 광음천왕 변정천왕 광과천왕
색계천의 대자재왕 헤아릴 수 없으시네.
보현 문수 법혜보살 공덕보살 금강당과
금강장과 금강혜와 광염당과 수미당과
대덕 성문 사리자와 해각 비구 함께하고
우바새와 우바이와 선재동자 동남동녀

처음으로 찾아뵌 분 문수사리 보살이요,
덕운비구 해운비구 선주비구 미가장자
해탈장자 해당비구 휴사우바 비목구사
승열바라 자행동녀 선견비구 자재동자
구족우바 명지거사 법보계장 보안장자
무염족왕 대광왕자 부동우바 변행외도
우바라화 장자인과 바시라선 무상승자
사자빈신 비구니와 바수밀과 비슬지라
관자재존 정취보살 대천신과 안주지신
바산바연 주야신과 보덕정광 주야신과
희목관찰 중생야신 보구중생 묘덕야신
적정음해 주야신과 수호일체 주야신과
개부수화 주야신과 대원정진 역구호신
묘덕원만 주야신과 구바여인 마야부인
천주광녀 변우동자 중예각자 현승우바
현승견고 해탈자와 묘월장자 무승군자
최적정의 바라문과 덕생동자 유덕동녀

미륵보살 문수보살 보현보살 티끌처럼

많은 대중 화엄법회 구름처럼 모여와서

비로자나 부처님을 언제든지 모시면서

연꽃으로 가꾸어진 연화장의 세계바다

대법륜을 굴리면서 조화롭게 장엄하고

시방세계 허공세계 한량없는 모든 세계

또한 다시 이와 같이 영원토록 설법하니

여섯 여섯 여섯 품과 네 품 다시 세 개 품과

한 품 열 품 한 품과 한 품 또한 한 품이라

세주묘엄 여래현상 보현삼매 세계성취

화장세계 비로자나 여래명호 사성제품

광명각품 보살문명 정행품과 현수품과

불승수미 산정품과 수미정상 게찬품과

보살십주 범행품과 발심공덕 명법품과

불승야마 천궁품과 야마천궁 게찬품과

십행품과 무진장품 불승도솔 천궁품과

도솔천궁 게찬품과 십회향품 십지품과

십정십통 십인품과 아승지품 여래수량
보살주처 부사의법 여래십신 상해품과
여래수호 공덕품과 보현행품 여래출현
이세간품 입법계품 칠처구회 설해지니
이것 바로 십만 게송 화엄경의 내용이요,
삼십구품 원만하니 일승원교 교설이라
외우고서 경전 말씀 믿으면서 수지하면
처음으로 발심할 때 그대로가 정각이니
이와 같은 화엄바다 연화세계 안좌하면
그 이름이 다름아닌 비로자나 부처로다.

마하반야바라밀다심경

관자재보살이 깊은 반야바라밀다를 행할 때, 오온이 공한 것을 비추어 보고 온갖 고통에서 건너느니라.

사리자여! 색이 공과 다르지 않고 공이 색과 다르지 않으며, 색이 곧 공이요, 공이 곧 색이니, 수·상·행·식도 그러하니라.

사리자여! 모든 법은 공하여 나지도 멸하지도 않으며, 더럽지도 깨끗하지도 않으며, 늘지도 줄지도 않느니라. 그러므로 공 가운데는 색이 없고 수·상·행·식도 없으며, 안·이·비·설·신·의도 없고, 색·성·향·미·촉·법도 없으며, 눈의 경계도 의식의 경계까지도 없고, 무명도 무명이 다함까지도 없으며, 늙고 죽음도 늙고 죽음이 다함까지도 없고, 고·집·멸·도도 없으며, 지혜도 얻음도 없느니라.

얻을 것이 없는 까닭에 보살은 반야바라밀다를 의지하므로 마음에 걸림이 없고 걸림이 없으므로 두려움이 없어서, 뒤바뀐 헛된 생각을 멀리 떠나 완전한 열반에 들

어가며, 삼세의 모든 부처님도 반야바라밀다를 의지하
므로 최상의 깨달음을 얻느니라.

반야바라밀다는 가장 신비하고 밝은 주문이며 위없는
주문이며 무엇과도 견줄 수 없는 주문이니, 온갖 괴로움
을 없애고 진실하여 허망하지 않음을 알지니라.

이제 반야바라밀다주를 말하리라.

아제아제 바라아제 바라승아제 모지 사바하
아제아제 바라아제 바라승아제 모지 사바하
아제아제 바라아제 바라승아제 모지 사바하.

불설소재길상다라니

나무 사만다 못다남 아바라지 하다사 사다남 다냐타 옴
카카카혜카혜 훔 훔 아바라 아바라 바라아바라 바라아
바라 지따지따 지리지리 빠다빠다 선지가 시리예 사바하
나무 사만다 못다남 아바라지 하다사 사다남 다냐타 옴
카카카혜카혜 훔 훔 아바라 아바라 바라아바라 바라아
바라 지따지따 지리지리 빠다빠다 선지가 시리예 사바하
나무 사만다 못다남 아바라지 하다사 사다남 다냐타 옴
카카카혜카혜 훔 훔 아바라 아바라 바라아바라 바라아
바라 지따지따 지리지리 빠다빠다 선지가 시리예 사바하.

보회향진언

옴 삼마라 삼마라 미만나 사라마하 자가라 바 훔
옴 삼마라 삼마라 미만나 사라마하 자가라 바 훔
옴 삼마라 삼마라 미만나 사라마하 자가라 바 훔.

원성취진언

옴 아모카 살바다라 사다야 시베 훔
옴 아모카 살바다라 사다야 시베 훔
옴 아모카 살바다라 사다야 시베 훔.

보궐진언

옴 호로호로 사야목케 사바하
옴 호로호로 사야목케 사바하
옴 호로호로 사야목케 사바하.

화엄성중 정근

∴ 화엄성중을 20분가량 부릅니다.

나무 금강회상 화엄성중·화엄성중·화엄성중·화엄성중·
화엄성중·화엄성중·화엄성중(시간이 허락하는 한 화엄성중을
많이 더 간절하게 부를 수록 좋습니다.)

화엄성중혜감명 사주인사일념지
애민중생여적자 시고아금공경례.

화엄성중(華嚴聖衆) 정근은 수호신들(화엄성중)을 한꺼번에 부르면서 기도 정진하는 수행입니다. 석가모니불 정근은 석가모니불, 아미타불 정근은 아미타불, 관음 정근은 관세음보살, 지장 정근은 지장보살의 이름을 부르면서 기도 정진하는 것과 같은 이치입니다. 화엄경에 나오는 수많은 성스러운 수호신들에 대한 지극한 믿음을 가지고, '화엄성중'을 부르는 수행입니다. 화엄성중을 부른 후

"화엄성중의 지혜는 거울처럼 맑고 밝아
이 세상을 모두 다 일념으로 통찰하시고
중생 사랑하기를 자식같이 하시니
그러므로 저희들은 지심으로 공경하고 예배합니다."

라고 하며 수호신들을 찬탄하고 감사하는 것으로 마무리를 짓습니다. 화엄성중 정근 후 고요해진 마음으로 자기 내면을 들여다보고 느껴보세요. 전과 후의 미묘한 변화를 느끼셨다면 1차 성공입니다.

수호신(신중) 기도 명상 노트

    수호신(신중) 기도는 앞에서 말씀드렸듯이 불교와 불법을 지키겠다고 서원한 수호신들을 찬탄하고 예경하고 공양 올리는 기도입니다. 관세음보살님께 소원을 비는 관음기도, 학업 성취를 위해서는 문수기도, 조상을 천도하기 위해서는 지장기도 등 여러 기도가 있는데, 수호신 기도는 특히 가피가 빠른 기도로 알려져 있습니다.

    수호신 기도를 할 때는 먼저 진언을 하고, 반드시 화엄경 약찬게를 독송합니다. 대승경전의 꽃, 대승경전의 백미라고 할 수 있는 화엄경은 분량이 방대하여 화엄경을 110자로 축약시킨 화엄경 약찬게를 독송하는 것입니다. 화엄경 앞부분에 온 우주의 수호신(신중)들이 모여들어 화엄경을 수지 독송하는 불자들을 지켜주겠다고 발원하는 내용이 담겨 있습니다.

    그래서 수호신(신중)을 화엄성중이라고도 하고, 수호신(신중) 기도는 수호신(신중)들의 보호를 청하는 기도로 알려져 있으며, 신중기도를 할 때 빠지지 않고 화엄경약찬게를 독송하고 있습니다.

수호신(신중)들을 떠올리면서 간절한 마음으로 진언과 화엄경 약찬게, 반야심경을 독송한 연후에 불설소재길상다라니와 마무리 진언을 하고, 화엄성중을 부르는 것이 수호신 기도의 핵심이라 할 수 있습니다.

기도가 사랑하는 사람을 보호해 주고 소원을 성취시켜 줄 뿐만 아니라 우리 자신의 마음 근육을 단련시켜서 운명을 바꾸는 비결임을 알아차리셨는지요?

여러분이 잘 알고 있는 끌어당김의 법칙이나 피그말리온 효과 등의 비밀이 기도에 담겨 있다는 것을 아셨으리라 믿어 의심치 않습니다.

수호신 기도를 할 때 가장 중요한 것은 수호신들이 우리를 보호해 주고, 우리의 소원을 이루어주신다는 절대적인 믿음입니다. 요즘 지식인 불자들 중에는 불교는 수행의 종교라고 하면서 믿음을 등한시하는 경향이 있습니다. 하지만 확실히 믿어야 성취할 수 있습니다. 긍정적인 생각이 긍정적인 삶을 불러오는 것입니다.

『화엄경』에 '믿음은 도의 근원이며 모든 공덕의 어머니[信爲道元功德母]'라는 말씀이 있습니다. 굳건한 믿음을 바탕으로 기도 정진하면 세상에서 맞닥뜨리는 어려움을 극복할 수 있습니다. 그리하여 더욱 신심이 깊어지고 정신적으로 성장하여 마침내 깨달음에 이르게 되는 것입니다.

아이가 어른이 되지만, 하루아침에 어른이 될 수 없는 것처럼 수행도 차근차근 사람에 따라 단계가 있다는 것을 가슴에 새기고 부처님의 가르침에 의지해 수행하다 보면, 바로 지금 이 자리에서 날마다 좋은 날임을 알 수 있습니다.

수호신(신중) 기도 명상 노트에 한 자 한 자 경전을 베껴 쓰듯 자기 마음, 속 깊이 바라는 내용을 쓰시면 불보살님과 수호신(신중)들의 보호 속에 늘 편안하고 행복하게 살아갈 수 있습니다.

공양 공덕 회향하기

수호신(신중)들이 스스로 세운 원력을 잊지 않도록 하는 기도와 찬탄, 명상 노트 쓰기 등 지금까지 참 잘하셨습니다. 기도와 찬탄에 이어 보시 공양을 올리는 것도 참으로 중요한 일입니다.

불교에는 재물보시, 법보시, 무외보시가 있습니다. 기도는 이 세 가지를 다 이루어 주는 것입니다. 기도를 할 때마다 기도해 주는 사람을 위해 정성껏 봉투에 보시금을 넣어서 기도를 한 다음 기도금을 모아서 사찰의 불사금(佛事金)으로 올려도 좋고, 기도해 주는 사람을 위해 사용해도 좋고, 스님들께 드리거나 불우이웃을 위한 복지 단체에 기부해도 좋습니다.

이 책 《수호신 기도》를 바탕으로 기도를 하면 재물 보시는 물론이고 부처님의 가르침을 전하는 법보시를 실천하게 되고, 기도 자체가 기도해 주는 사람이나 기도를 받는 사람에게 온갖 두려움과 괴로움을 없애주니 무외시를 실천하게 되는 것입니다. 보시 공덕의 나비 효과는 생각으로 헤아릴 수 없을 만큼 큽니다.

이제 마지막으로 지금까지 기도로 쌓은 공덕을 회향하는 시간을 갖겠습니다. 이 회향을 통해 지금까지 크게 쌓은 공덕을 아주 크게 키우는 것입니다.

모든 법회, 혹은 기도를 마칠 때 회향식과 회향발원을 합니다. 회향은 회전취향(廻轉趣向)의 준말입니다. 돌이켜서 향하게 한다, 즉 내가 쌓은 공덕을 모든 사람에게 향하게 해서 나누어 가지겠다는 뜻입니다.

불교는 지혜와 자비의 종교입니다. 기도를 통해 더욱 지혜롭고 자비롭게 새롭게 태어날 수 있습니다. 나만 혼자 새롭게 태어나는 게 아니라 나의 기도 공덕으로 다른 사람들도 지혜롭고 자비로운 사람이 될 수 있도록 회향하는 것이야말로 불자의 바른 자세라고 할 수 있습니다.

자기가 직접 그동안 기도하면서 느낀 소감과 부처님과 신중님들께, 혹은 사랑하는 사람을 위한 마음을 담아 회향문을 써서 하는 게 가장 좋지만, 힘들면 다음에 소개하는 회향문으로 대신하셔도 됩니다.

회향문

　부처님과 부처님의 가르침과 스님들께 귀의합니다.

　나와 더불어 모든 중생이 늙음과 죽음이 반복되는 윤회에서 벗어나 대자유에 이르기를 간절히 발원하고, 사랑하는 [기도해 주실 분의 이름]가 뜻하는 바 모든 소원을 이루고 세상의 도움이 되는 좋은 인연 만들어 갈 수 있기를 기원합니다.

　오늘 수호신 기도를 드린 공덕과 지금까지 쌓아 올린 모든 선업과 공덕을 스님들과 부모 형제, 친지들, 도움을 주신 천신들, 그리고 성인들, 좋은 이든 나쁜 이든, 친한 이든 설령 원수일지라도 모든 존재들에게 차별 없이 회향합니다.

　오늘 올린 기도 공덕으로 인연 있는 모든 사람이 고

통에서 벗어나 행복할 수 있도록 회향합니다.

부처님께 올리는 육법공양(六法供養)과 승가에 올리는 사사공양(四事供養: 음식, 거주지, 약, 가사)의 보시 공덕으로 모든 번뇌의 속박에서 벗어나기를 기원합니다.

제가 쌓은 모든 선한 공덕을 [기도해 주실 분의 이름]에게 회향하오니 [기도해 주실 분의 이름], 그리고 이 세상 모든 사람이 고통에서 벗어나 행복하기를, 무분별한 환경 파괴로 인한 자연재해와 전쟁으로 인한 재앙이 끊이지 않는 지구촌에 진정한 평화가 오기를 기원합니다.

보 회향 진언

옴 삼마라 삼마라 미만나 사라마하 자가라 바 훔
옴 삼마라 삼마라 미만나 사라마하 자가라 바 훔
옴 삼마라 삼마라 미만나 사라마하 자가라 바 훔.

공양 공덕 회향 노트

　회향을 잘 마치고 공양금과 공덕을 나눈 뒤의 마음이 어떠셨는 지요? 그냥 바로 지금 이 순간의 마음을 편안하고 자유롭게 써보 세요.

　정성을 들여 쓰는 것 자체가 운명을 바꾸는 지름길입니다.

사랑하는 사람을 보호하는 3일 기도

·　105

6 코스
수호신 기도 가이드

기도는 이루어질 때까지, 선택이 아닌 필수

사랑하는 사람을 보호하는 수호신(신중) 기도를 잘 마쳤습니다.

원만하게 모든 이들을 위해 회향하였으니, 오늘의 기도는 참으로 훌륭하게 잘 마쳤으며, 회향의 공덕은 기도의 공덕을 천배 만배 키워줄 것입니다.

이제 지금까지의 기도를 끊임없이 반복해서 3일간 하면 원하는 바를 다 이룰 수 있을 것입니다.

수호신 기도는 매월 음력 또는 양력 1일부터 3일까지 하시면 됩니다. 3일 동안 간절하게 지극정성 기도하면 됩니다.

만약, 기도를 더 해야 할 필요가 있다고 느끼신다면 일주일, 21일, 100일 등으로 기간을 늘려도 좋습니다.

묘장 스님

○

1991년 직지사에서 웅산 스님을 은사로 녹원 대종사를 계사로 득도하였다.

현재 연화사 주지, 국제구호단체 더프라미스 이사장, 대한불교조계종 사회복지재단 대표이사, 희망브리지 전국재해구호협회 이사, 불교신문 논설위원.

아이티 대지진, 동일본 대지진, 태국 대홍수, 네팔 대지진, 포항 지진, 모로코 지진에 재난구호활동과 우크라이나 전쟁난민 지원 활동을 하였으며, 재난구호 현장에서 부처님의 가피를 입고, 불교계 사회복지와 국제긴급구호 전문가로 부처님의 자비를 세계 곳곳에 펼치고 있다. 특히 이즈음 '나는 절로' 프로그램으로 생명의 소중함을 전하고 있다.

제27회 만해대상 만해실천대상(2023), 제32회 조계종 포교대상 원력상(2020), '나는 절로' 조계종사회복지재단 대통령상 수상(2024), 조선일보 '아이가 행복입니다' 어워즈 대상을 수상(2024)하였으며, 저서로 『도표로 읽는 부처님 생애』가 있다.

수호신 기도

– 사랑하는 사람을 보호하는 3일 기도

초판 1쇄 발행 | 2025년 2월 20일
초판 2쇄 발행 | 2025년 3월 27일

엮은이 | 묘장 스님

펴낸이 | 윤재승   펴낸곳 | 민족사

주간 | 사기순

기획편집 | 정영주   기획홍보 | 윤효진   영업관리 | 김세정

출판등록 | 1980년 5월 9일 제1-149호
주소 | 서울 종로구 삼봉로 81 두산위브파빌리온 1131호
전화 | 02)732-2403, 2404   팩스 | 02)739-7565
홈페이지 | www.minjoksa.org
페이스북 | www.facebook.com/minjoksa
이메일 | minjoksabook@naver.com

ⓒ 묘장, 2025

ISBN 979-11-6869-082-0 (03220)